JEAN-LOUIS TESTE

Quatre Expressions

Tendresses — Caresses
Rigueurs et Rancœurs — Rimes diverses

ANDRÉ DELPEUCH, ÉDITEUR
51, Rue de Babylone, 51, PARIS

1929

Quatre Expressions

JEAN-LOUIS TESTE

Quatre Expressions

Tendresses — Caresses

Rigueurs et Rancœurs — Rimes diverses

ANDRÉ DELPEUCH, ÉDITEUR
51, Rue de Babylone, 51, PARIS

1929

IL A ÉTÉ TIRÉ A PART
50 EXEMPLAIRES SUR VELIN
NUMÉROTÉS 1 A 50

Que Monsieur Auguste Dorchain, que le Maître accueillant et bienveillant dont j'eus la bonne fortune d'être un jour l'interprête, me permette de lui faire hommage de ce recueil que sa compétence n'a pas jugé indigne.

J.-L. TESTE.

TENDRESSES

PRÉLUDE

Les temps sont révolus ; en ses temples déserts
La Muse au blanc péplum peut suspendre sa lyre ;
Nul ne fait plus cortège à qui chante ou soupire
Au pied de ses autels les maux qu'il a soufferts.

« Nous n'irons plus au bois » cueillir les lauriers verts
Pour en parer les fronts pâles du beau délire ;
Sur les lacs emportés, nouveaux chantres d'Elvire
Vos grands cris sans écho se perdent dans les airs.

Mais qu'importe à l'oiseau, qu'importe quand il chante
Que la Foule s'arrête, ou passe, indifférente :
Sans désir qu'on l'écoute, il suit l'instinct divin.....

.....Et rien n'est au poète égal à cette ivresse
Que lui versent ses chants comme un généreux vin
Pour exalter sa joie ou calmer sa détresse.

LE SECRET DU VAINQUEUR

Un tumulte charmant accueille son passage !.....
Les belles à sa vue abdiquent leur rigueur,
Et leurs cœurs enchaînés, jaloux d'un tel servage,
Rythment leurs battements aux pas de ce vainqueur.

Lui, morose et distrait, rêve, pris de rancœur
Pour ces seins frémissants et ces beaux fronts en nage,
A celle qui, du Livre ayant marqué la page,
Fixerait à jamais ses regards et son cœur.

Car c'est là son désir, sa hantise entre toutes,
Au hardi conquérant qui passe sur les routes,
Au royal chemineau qu'on regrette... et qui va :

N'en aimer qu'une au monde et *pouvoir* n'aimer qu'elle !
Et, divinement las d'une course éternelle,
Demeurer où sa voix murmurerait : C'est là !

PÈLERIN FÊTÉ

« L'absence est le plus grand des maux ».
(*Les Deux Pigeons.*)
LA FONTAINE.

Comme au chanvre plus rude on brode mieux la soie,
Comme rit l'oasis en l'Océan poudreux,
Ainsi l'on voit, détresse où s'avive la Joie,
Sur « le plus grand des maux » fleurir des jours heureux....

... Si « l'Absence » est cruelle au cœur des amoureux,
Les moments sont plus chers que le Ciel leur octroie
L'extase toujours neuve, où leur regard se noie,
Est la fleur que le Sort brode au chanvre, pour eux.

Bonheur de se revoir ! Douceur de se reprendre !
Le baiser se souvient et s'attarde, plus tendre,
Le feu, longtemps couvert, éclate en son foyer !

... Et l'Amour, pèlerin de retour au domaine,
Brandit la Coupe d'or, en bénissant la peine
Qui double les saveurs d'un nectar familier !

« DAME DU CLAIR MATIN »

(Jeunesse de G. VICAIRE.)
A Mlle X.

Mais c'est toi, la Jeunesse au charme tout puissant,
La Jeunesse « aux grands yeux » dont parle le poète,
La vivante allégresse à qui le ciel fait fête,
Et qui d'un cœur lassé fait un luth frémissant !

La « sveltesse du lis », le charme attendrissant
Du visage enfantin que la Source reflète,
Et la biche « aux aguets » dont la grâce inquiète
S'émeut aux pas pressés du chasseur bondissant

C'est toi !... Le Rêve vit et l'Idéal palpite !.....
Et par toi, j'ai la Joie à tout autre interdite,
Et par toi, j'ai l'orgueil, du poète ignoré,

D'étreindre l'Irréel et de vivre mon Rêve,
« Dame du clair matin » qui vins, quand tout s'achève,
Illuminer ma nuit de ton rayon doré !

DOUCEUR

> Son œil où s'enivraient mes yeux irrésolus
> Son sourire, sa voix.
>
> (V. Hugo.)

A Mlle X.

Le sourire alangui dont sa lèvre se pare
Semble une fleur éclose aux larmes de ses yeux ;
Telle, aux pleurs du matin, sous un ciel radieux,
Une rose apparaît, pathétique et plus rare.

Dans l'accent de sa voix vibre une âme sans tare,
Et si parfois, brisé, mais plus mélodieux,
Comme un souffle s'exhale, il monte vers les cieux,
C'est qu'aux fibres du cœur son accord se prépare.

Et parmi les souhaits de bonheurs surhumains
Que l'on formule à joindre en nos mains ses deux mains,
A baiser lentement, pour y poser sa tête,

Un sein pur, palpitant des plus nobles pitiés,
Domine la douceur qu'exalta le poète,
« De mourir dans ses bras et de vivre à ses piés ! »

GARANTIE

A Mlle X.

Tes yeux, mon cher amour, sont un miroir fidèle
Où ton cœur, ton cœur tendre et pourtant tourmenté,
Et douloureux déjà sans être révolté,
Tout ton cœur indulgent se mire et se révèle.

Rayon toujours vainqueur, grâce toujours nouvelle,
Bonté, divin attrait par le Temps respecté !
Source où ton front puisa sa durable beauté !
Garant trois fois sacré de jeunesse éternelle !

Qu'un tel enchantement agréant ma ferveur,
Se fie à mon hommage et l'accueille sans peur ;
Car ma tendresse aussi peut braver les années,

Puisqu'humblement épris d'un joyau précieux,
D'un printemps toujours neuf aux fleurs jamais fanées,
C'est ton cœur que j'adore en adorant tes yeux !

LUMIÈRE

A Mlle X.

Rien n'est si doux au monde et rien n'est si puissant
Qu'une blanche poitrine où palpite un cœur tendre,
Et la source est moins fraîche en un pré fleurissant
Que cette urne au parfum toujours prêt à s'épandre.

Triste Pygmalion, devais-tu donc t'éprendre,
L'animant sans profit, d'un marbre meurtrissant?
Heurter au cœur glacé qui ne pouvait t'entendre
La désolante erreur d'un amour frémissant?

Mais pour nous transporter d'une pure allégresse,
Qu'à nos regards charmés une enfant apparaisse,
La Grâce sur le front, en elle la Pitié,

Alors, joignons les mains, car voici la Lumière !
. . . .
Et que notre humble amour se courbe en la poussière
Où s'imprime en passant la trace de son pié !

PRÉFÉRENCE

Le farouche Océan s'enfle d'un noir mystère ;
Incessante rumeur et tumulte sans fin.
...Et ses flots que soulève un éternel levain,
Semblent d'un Dieu jaloux recéler la Colère.

C'est l'agresseur sournois et têtu de la Terre ;
Il lui livre l'assaut, il pénètre en son sein,
Il sait qu'il en fut maître, et son horrible faim
Gronde de ne pouvoir l'engloutir tout entière...

Combien je vous préfère, ô Mystère des bois,
Riant mystère empli de frissons et de voix,
Solitude des monts, pacifique et sereine.

Combien je te préfère, asile de repos,
Bonne Terre de Dieu, part ravie au chaos
Des gouffres en fureur que l'Océan déchaîne.

DENISE

« Au bonheur des Dames. »
E. Zola.

Ce charme : la Bonté, cet attrait : la Vaillance,
Frêle et timide enfant, si forte en ta douceur,
Tant de pudeur au front, tant de franchise au cœur
Honnête simplement, ni calcul, ni prudence.

Sans haïr qui la fait, tu subis ta souffrance,
Et quand, tes pleurs séchés, sur un monde moqueur,
L'Amour place, ravi, ton petit pied vainqueur,
Tu souris, oublieuse et prompte à l'indulgence.

O Denise, vrai cœur de femme ! attrait sans nom
D'une exquise tendresse unie à la Raison !
Figure de lumière, adorable héroïne !

Je t'aime et te vénère, et je salue en toi,
Qui sais, restant humaine et vraie, être divine,
L'éternel Idéal que chacun garde en soi.

RAISON MAJEURE

En ce soir enchanté de la jeune saison,
Sur les flots endormis de cette mer clémente,
Tandis que je rêvais, battant à l'unisson,
Sur mon cœur éperdu ton cœur tremblant d'amante,

Combien tu fus Lointaine, ô Princesse charmante !
... Mes aveux qu'exaltait tout un tendre horizon,
Se brisaient à l'écueil de ta jeune raison
Comme au rocher se brise une lame démente.

Mais l'Amour qui veillait, ironiste vainqueur,
Avait d'un trait déjà confondu ta rigueur,
En vain tu t'efforçais, mal à propos farouche,

Proclamant ma tendresse et ses vœux interdits :
Pendant que tu parlais, je regardais ta bouche,
... Et n'ai point entendu les mots qu'elle m'a dits !

MELANCHOLIA

(Sur une photo)
A Madame M.

Elle a posé debout avec simplicité
Sans l'absurde souci d'être « à son avantage »
Gardant un petit air de fillette bien sage,
Toute droite, et les bras pendants à son côté.

... Elle est charmante ainsi dans ce décor d'été,
... Mais, c'est la fleur frileuse en un chaud paysage ;
Sa lèvre languissante et ses yeux sans gaîté
Dénoncent de son cœur l'exil et le veuvage.

Quel est-il l'horizon où veille sa ferveur
Le verger aux fruits d'or dont l'étrange saveur
Obscurément tenta sa lèvre nostalgique?...

... L'œil voilé d'une femme est un vivant secret,
Et du site entrevu d'un Eden magnifique
Lui peut germer au cœur un éternel regret !

RAYONS DE L'OMBRE

Soleil, tu laisses ta lumière
Sur la Laideur et la Beauté
La Joie et la Morosité,
S'épandre, indifférente et claire.

Par toi la Jeunesse est plus fière,
Plus morne la Caducité...
Sombres rayons, triste fierté !
Salut à l'ombre hospitalière

Qui prête aux rires de l'Amour,
Plus douce que les feux du Jour,
La guirlande de ses étoiles,

Et sait, quant aux déshérités,
Couvrir, en ses sérénités,
Leur infortune sous ses voiles !

CONSEIL

A ma fille Jeanne-Renée.

Majesté du front pur que la Bonté couronne !
Un regard sans douceur c'est un ciel sans clarté ;
Tu seras belle un jour, ô ma Jeanne mignonne
Garde en toi le souci de cette royauté.

Que ton cœur, resté sourd au mal qui t'environne,
Oppose l'indulgence à toute iniquité ;
L'Amour naît sous les pas de celui qui pardonne,
Affirme en ton chemin cette fécondité :

Pardonne, et que l'Amour sur tes traces fleurisse,
Que chacun te vénère, et qu'un seul te chérisse,
Un seul qu'aura conquis, — charme à jamais vainqueur,

Eclair dont on bénit la durable blessure,
Reflet d'un esprit franc, rayon jailli du cœur, —
La fraîcheur de ton rire ignorant la censure.

ÉVOCATION

A Jane C.

Je revois ce tableau : Juillet et son soleil !
Un ciel noyant de bleu la montagne prochaine,
La route et sa blancheur, les prés et leur haleine,
Nul bruit : la paix d'un jour brûlant et son sommeil.

Puis soudain, un rayon, un éclair, un éveil
Qui se hâte et surgit d'un coin vert de la plaine ;
C'est toi, tes yeux, ta bouche et son rire vermeil,
Ton cou blanc, tes bras ronds, toute ta beauté saine !

Depuis... la Vie, hélas ! et son oppression...
... Mais prompte à l'alléger, la chère vision
Reste en moi, nette et fixe, entre les éphémères,

Image qui précise, en un double contour,
Parmi les tristes fronts des menteuses chimères,
L'éternelle Nature et l'immortel Amour !

LA ROUTE PRÉFÉRÉE

A Jane Caro.

Veux-tu fuir tous les deux, bien loin, à tout jamais,
Paris, redevenu la Lutèce de boue?
Je ne suis plus l'acteur du mélo qu'on y joue,
Que la Fourbe et la Farce y triomphent en paix !

Mon masque est trop étroit, le dégoût désormais
Fausserait ma grimace au cuistre qu'on y loue :
Baiser la main, courber le dos, tendre la joue,
La Victoire à ce prix... je renonce aux sommets.

Redressons-nous ! Brisons le joug ! Rompons la chaîne !
Sentines, les sentiers où l'Orgueil nous entraîne !
N'égarons point nos cœurs au douteux carrefour.

Voici le clair chemin qu'un ciel plus pur décore,
La Gloire n'est qu'une ombre et tes yeux sont l'aurore ;
Abandonnons la nuit et marchons vers l'Amour !

LE CŒUR ET LES YEUX

A Jane Caro.

Je sais quel tendre cœur bat sous ton sein charmant,
Et c'est ce cœur surtout qui m'est cher et que j'aime,
Mais enfin ta Beauté, c'est bien un peu toi-même,
Et je t'en veux le culte et l'orgueil constamment,

De tous temps la Beauté fut la force suprême :
Soumis à son empire et fiers de leur tourment,
Les Dieux pour l'adorer quittaient le firmament ;
Hercule aux pieds d'Omphale est l'éternel emblème !

Iras-tu, démentant ces exemples fameux,
Contester à l'Amour le pouvoir de tes yeux ?
Oublier que, captif dont la chaîne s'apprête,

Par eux je fus à toi, sans rien savoir de toi,
Et qu'avant que ton cœur affirmât leur conquête,
J'adorais mes vainqueurs et chérissais leur loi.

RAISON SUPRÊME

A Jane C.

Son buste est fin, sa gorge ronde,
Et de la nuque aux tons ambrés,
Noyant l'arc de ses reins cambrés,
Ses cheveux roulent comme une onde...

Souple manteau, masse profonde,
Où semblent à son front, serrés,
Cliqueter les sequins dorés
De la gitana vagabonde.

Car, âme et corps, car tête et cœur,
Elle est bien la vaillante sœur
Des belles filles de Bohême

Qui savent dans une chanson
Jeter l'Amour, raison suprême,
Au nez de la froide Raison !

SON CŒUR

A Jane Caro.

J'aurais dû l'adorer d'un double amour fidèle,
De l'amour attentif, de l'amour triomphant
Qu'on a pour une femme et puis pour un enfant,
Et qui puise à s'épandre une force nouvelle.

J'aurais dû l'adorer d'un amour réchauffant,
D'un vigilant amour, d'une tendresse telle,
Qu'à me voir la serrer contre mon cœur fervent
Le trépas étonné se fût détourné d'elle...

O mon Dieu, j'aurais dû... mais pour un tel amour,
Qui fût sans défaillance et qui fût sans détour,
De ferme dévouement, d'allégresse éperdue,

Mais pour un tel amour, véhément et vainqueur,
Qui l'eût contre le Mal gardée et défendue,
Mais pour un tel amour il eût fallu... son cœur !

DEPUIS !

A Jane Caro

Depuis qu'elle est partie, oh ! comme elle est présente !..
..Et ce regret poignant à l'égal d'un remord,
Ce douloureux regret, cette angoisse incessante :
N'avoir pu l'assister à son suprême effort.

N'avoir pas été là, présent dans la tourmente,
Contre le Mal jaloux dressant l'Amour plus fort
Et, qui sait? des vertus d'un pareil réconfort
Arrachant sa victime à la tombe béante...

Oui, que j'eusse été là, prêtre au pied de sa croix,
Et ses yeux où son cœur mettait tous ses émois,
Sa voix, fidèle écho de ce cœur de tendresse,

— Diamants du Bon Dieu, broyés dans un étau, —
Pourraient me réjouir encor de leur caresse,
Moi qui pleure et frissonne au froid de son tombeau !

MOROSITÉ

A Jane Caro.

Le temps, fantasque et brusque et noir magicien,
A soufflé tout à coup les bourrasques d'automne,
Dans l'azur attardé d'un ciel vénitien ;
La pluie aux vitres met sa plainte monotone...

...De la fête d'hier, il ne reste plus rien.
Du lit, du lit trop vaste où mon ennui frissonne,
Du lit qui fut le nôtre, et n'est plus que le mien...
Je vois la route morne où nul pas ne résonne,

Tardivement éclos, le jour décroît déjà...
Oh ! l'angoisse qu'apporte en nous ce qui s'en va,
La lueur qui s'éteint à l'horizon qui pleure !

L'ombre a grandi, grandi, mêlant en son linceul
Les arbres, le champ nu, le jardin, ma demeure...
... Et j'ai passé ce jour à la pleurer, tout seul.

POUR LUI PLAIRE

A Jane C.

J'écrivais, le front noir de mes griefs contre Elle ;
A vrai dire elle avait froissé ma dignité !
Le cas étant très grave et l'injure nouvelle
Il me fallait bouder avec ténacité.

Donc, tandis qu'au papier poursuivant la querelle
Ma plume le grattait de son bec irrité,
Je sentis à mon cou les bras de la rebelle
Se glisser sous l'aveu d'un « pardon » chuchoté,

Je voulus résister : j'en étais fort capable !
Mais, suprême argument absolvant la coupable,
Une larme brillait aux pointes de ses cils,

Goutte d'eau, perle rare où fondit ma colère,
Source bientôt tarie à mes baisers subtils,
Et d'où jaillit du moins ce sonnet... pour lui plaire.

L'INSAISISSABLE

L'Amour, bel oiseau bleu, s'envole tôt ou tard ;
Notre effort s'éternise à lui rogner les ailes ;
Mais l'Inconstant qui hait les chaînes éternelles
Détermine à son gré l'heure de son départ.

Chacune à le garder met le fin de son art ;
Rien ne fixe un vainqueur qui n'a point de cruelles ;
Le prompt triomphateur des cœurs les plus rebelles
Prévient tout artifice et fait tomber tout fard.

C'est en vain qu'un Dieu pur, s'armant de l'anathème,
Voulut se l'asservir : l'Amour est dieu lui-même,
... Et depuis deux mille ans le conflit dure encor !

Sage qui, détourné d'une folle chimère,
Et laissant l'oiseau bleu libre dans son essor,
Aura réduit son cœur à sa joie éphémère !

PRÉDILECTION

A Madame S. Weber.

Je n'irai pas vanter l'ardeur de vos grands yeux,
J'en aime, comme il sied, l'héroïque caresse,
Mais du feu surhumain qui se reflète en eux
— Tel un mortel d'un Dieu, — s'épeure ma tendresse.

Qu'au temple tout un peuple acclamant sa prêtresse,
Éclate à vos regards en transports glorieux...
... Mon rêve va moins haut, et mon humaine ivresse
S'attarde à tes contours, doux arc mystérieux.

Roses complexités, synthèse féminine,
Bouche railleuse et tendre où déjà j'imagine
Le baume à la blessure étrangement uni.

Bonne à n'en point douter, cruelle à s'y méprendre,
Énigme redoutable, et dont il faut s'éprendre.....
.....Quels que soient les verrous dont le cœur est muni.

SÉPARATION

Déjà l'aube est tardive et pleure, un vent plus frais
Souffle aux rameaux noircis de l'arbre qui frissonne.
La campagne s'embrume et n'a pas moins d'attraits...
Il faut se séparer pourtant, car c'est l'Automne...

Adieu, clartés du val, silence des forêts !
La Cité se repeuple et la ruche bourdonne...
... C'est l'heure où l'écolier, le cœur gros de regrets,
Reprend en soupirant sa tâche monotone.

Cœur tendre et puéril en qui sombre l'Espoir
A voir l'horizon clair se masquer d'un mur noir,
Notre exil est commun, commune la détresse

A détacher l'esquif du rivage enchanté,
Où chaque aube en nos sens versait tant d'allégresse,
Chaque soir à mon front tant de sérénité !

CARESSES

LA COUPE

Quand, modelant le sein que sa lèvre a baisé,
Le sculpteur amoureux eut, de son pouce agile,
Fait jaillir du limon la Coupe aux bords d'argile,
Le sens de la Beauté fut, par lui, précisé.

Cette candeur qu'avive une rose fragile,
C'est l'éternel appât dont nul n'est abusé,
Et le beau lys offert à notre ardeur virile,
La Coupe enchanteresse où tout cœur s'est grisé !

Floraison d'une chair pathétique et divine !
O Coupe dont la grâce orgueilleuse s'incline
Pour nous verser la Joie et l'Oubli tour à tour,

Symbole d'un bonheur où le Désir s'empresse !
... Dans le geste pareil d'une même caresse,
L'enfant y boit la vie et l'homme y meurt d'amour !

CONSÉCRATION

A Madame X.

Pourquoi vouloir ainsi borner notre tendresse
A l'unique douceur des baisers échangés ?
Leur ferveur n'est qu'un gage... et c'est une promesse
Qui nous a, malgré toi, l'un vers l'autre engagés.

Nos désirs ont grandi, se sachant partagés ;
S'il bat plus fort mon cœur, c'est que ton sein s'oppresse...
...Et de ce sein charmant où mon désir s'empresse
Les scrupules bientôt s'évaderont, légers...

... Crois-moi, nous la vivrons la minute divine,
L'impérissable instant !... et déjà j'imagine
En son ardent accord cette félicité...

...De tout retard naîtront des voluptés nouvelles...
... Et je verrai fleurir en tes larges prunelles
Le décor d'un Eden par toi ressuscité !

ENFIN !

A Madame X.

Enfin !... tes bras ouverts sur moi se sont fermés !
J'étais ton prisonnier et tu fus ma captive...
...Ce tyrannique Amour qui nous a désarmés,
Ranimant à l'autel où leur clarté s'active,

Les flambeaux qui brûlaient sans s'être consumés,
Nous a, dans les transports d'une étreinte tardive,
Fait goûter à tous deux la volupté plus vive
De ces tendres élans si longtemps réprimés !

... L'ivresse que ce fut ! car la Coupe était pleine...
... Au vertige croissant d'une extase prochaine
Nos regards languissaient, ta main pressait ma main...

....

Elle avait donc sonné la minute émouvante
Où sur mon cœur, pâmé d'un bonheur plus qu'humain,
S'abandonnait, — enfin ! — ta grâce défaillante !

VICTA, SED DELECTAT

A Madame X.

Elle s'était battue en vaillante guerrière,
De toute sa vertu cuirassant sa beauté,
Mais l'Amour, souriant de sa témérité,
Droit au cœur lui plantait la flèche meurtrière.

Vaincue, elle gardait sa mine cavalière,
Ses lourds cheveux casquant son doux front entêté ;
Mais le feu qui luisait sous sa longue paupière
N'était plus que caresse et que docilité.

D'avouer sa défaite aux bras qui l'ont conquise
Ajoutait à l'émoi du baiser qui la grise :
Esclave suspendue au cou de son vainqueur,

L'orgueil de ses seins nus marquait son allégresse.....
..... Et du geste viril captant la hardiesse,
Elle en guidait l'élan dans le cœur de son cœur !

BRAVOURE

« Entre tes fortes mains, j'ai mis mon cœur en gage,
« Mon cœur, par toi fleuri de son premier émoi ;
« Ta jalouse tendresse exige davantage :
« Prends-moi, mon cher seigneur, courbe-moi sous ta loi.

« A tarder plus longtemps je me ferais outrage,
« Car pour vaincre à mon tour, en ma beauté j'ai foi ;
« La servante tiendra le maître en son servage,
« Si mon cœur est dompté, j'en dompterai le roi ! »

Ainsi disait l'enfant en sa fierté charmante,
Et l'amant éperdu, penché sur son amante
Souriait, ébloui comme à l'aube d'un jour.

La lune au ciel nimbait de candeur nuptiale
Le Couple radieux qu'allait unir l'Amour....
... Et l'ombre s'emplissait d'une hymne triomphale !...

L'APPEL

« Toi ! Toi ! »

Ce cri qui jaillissait de ta gorge éperdue,
Je l'entendrai toujours tel qu'il fut proféré,
C'était la Coupe offerte à la Coupe tendue
Où déjà ton désir s'était désaltéré.

C'était, dans l'hosanna d'un autel enivré,
Pour qu'y fleurît encore une ivresse attendue,
Le frénétique appel à l'instant préféré
D'une extase en la tienne unie et confondue !

Ah ! dans mon cœur l'écho de ce cri répété !
Le tumulte en ma chair de ton avidité !
Ainsi gronde la flamme ajoutée à la flamme,

Ainsi l'Amour s'exalte en son geste hardi.....
..... C'est alors qu'étouffée à ta bouche qui pâme
Ma clameur d'allégresse à ton cri répondit.

REMEMBRANCE

Ferveur de nos baisers et fougue d'une étreinte
Où s'empourprait l'orgueil de tes seins caressés !
Rare dévotion dont tes flancs empressés
Fêtant ma hardiesse en accueillaient l'empreinte !

En leur rythme, nos corps strictement enlacés,
Du Dieu dominateur chérissant la contrainte,
Soumis à sa rigueur sans en être lassés,
Fleurissaient d'une joie éperdûment atteinte !

Puis c'était la douceur, la halte, le repos !
Les langueurs de tes yeux, fatigués et plus beaux,
L'échange des regards, lourds de nos gratitudes

Et sur nos fronts, pâlis de bonheurs surhumains,
— Voulant qu'un rêve ajoute à nos béatitudes, —
Doux et silencieux, Morphée ouvrant les mains.

POSTURE DE COMBATTANTS

Intrépide amazone enfourchant sa monture,
Voyez-la, résolue en ses hardis desseins,
La chevaucher ainsi, sans selle ni coussins :
Ses doigts crispés en ont empoigné l'encolure,

L'ardeur de la bataille empourpre ses beaux seins !
Pour mieux combattre, elle a, dédaignant toute armure,
Jeté bas sa tunique et défait sa ceinture.....
.....Un désir éperdu lui laboure les reins.

L'élan de son coursier sous elle ainsi s'affole...
.....Mais voici qu'un grand cri de leurs flancs joints s'envole,
Et que tous deux, soudain, croulent inanimés...

.....Sonnez, buccins d'amour, la Victoire est complète !
...Écho, redis l'orgueil de ces vainqueurs, pâmés
Au triomphal éclat de leur double défaite !

PRINTEMPS

A Auguste Rodin.

Comme au foyer le vent souffle pour l'attiser,
Ton haleine, ô Printemps, attise leur tendresse ;
Et, sans pouvoir tarir la soif qui les oppresse,
Un désir éperdu prolonge leur baiser.

Et ces deux jeunes corps, ardents à s'épouser,
Précisent à nos yeux une telle allégresse
Qu'il semble que l'excès de leur commune ivresse
Toute une éternité ne saurait l'épuiser !

Ils figurent ainsi l'immortelle aventure,
Les Amants Éternels qu'enchante et que capture
Dans les bras l'un de l'autre un invincible émoi.....

.....Apothéose en qui s'incarne et s'apparie
Ta sève impérieuse, Univers, ô Féerie,
Dont l'Amour est le Verbe et l'Étreinte la Loi !

ÉVA

Dans l'enchantement frais d'une aurore, le Monde
Aux mains du Créateur, candide, s'éveillait ;
Et les voulant pareils au point qu'il les confonde,
Dieu mêlait à son Ciel la Terre et l'unissait.

Primitive union en désaccords féconde !
... Pétri d'une splendeur dont il fixait l'attrait,
Le Couple harmonieux, Adam grave, Ève blonde,
Sur l'Eden qui sourit, tendrement rayonnait.

Or, aux maux pressentis de sa race sans nombre,
L'Homme, en cette clarté, rêveur soudain plus sombre,
Ayant courbé le front,.. forte de sa beauté,

Ainsi qu'on tend un lis et qu'on offre une rose,
Dans son geste mettant toute l'Eternité,
Ève à ce front pensif haussa sa gorge éclose.

LA BONNE PART

Convives du Banquet où l'on fait maigre chère,
Tristes de n'y pouvoir contenter notre faim,
Autant vaudrait partir sans attendre la fin,
Si, déesse à nos maux compatissante et chère,

Pour apaiser du moins notre soif de chimère,
Vénus, tu ne daignais, sans tunique et sans lin,
Y servir quelquefois à l'humaine Misère
La pourpre de ta lèvre et les lis de ton sein.

Oui, celui dont la bouche à ton flanc s'est pâmée,
Beauté réconfortante, ô Beauté bien-aimée,
Peut laisser sans regret le reste du repas,

Et quand l'Hôte effrayant à son tour le convie,
Répondre : « Je suis prêt ! » et marcher sur ses pas,
Dressé comme un vainqueur qui passe... et qu'on envie !

LE VERROU

(Estampe de FRAGONARD)

Un peu de crainte encor divinise ses yeux,
Mais l'Amour y domine et son pouvoir l'emporte ;
L'image de bonheurs où sa pudeur avorte,
La laisse défaillante aux bras du glorieux.

En un tel abandon que de confus aveux !
... D'être captive ainsi sa grâce en est plus forte...
... Le désordre est partout, en eux comme autour d'eux....
... Oh ! les prochains transports qu'un tel émoi comporte !

Ravisseur qui s'exalte il presse son butin ;
Sa soif ne s'éteindra qu'en leur Désir éteint ;
... A leurs lèvres la Coupe est débordante et pleine.

... Cependant qu'étourdie elle incline le cou, —
— Fleur prise au tourbillon qui l'emporte et l'entraîne, —
L'Amant, d'un doigt vainqueur fait claquer le Verrou.

RENOUVEAU

A Madame X.

Le sort nous sépara, mais, en sa vigilance,
A de si chers instants gardant leurs lendemains,
L'Amour guida nos pas vers les mêmes chemins ;
Quand tout semblait fini tout pour nous recommence...

... Et nous voici, tous deux, rendus à nos destins,
A ces mêmes ardeurs qu'alimenta l'absence ;...
... Manifestes garants de notre impatience,
Tes mains pressent mon cou, mes bras cerclent tes reins...

Qu'il était fort le feu qui couvait sous la cendre !
On n'était désuni que pour se mieux reprendre,
En nous rien n'est changé ; pareil est notre accord,

Pareil l'accueil charmant de ta grâce discrète,
Pareil aussi l'émoi qu'en ta beauté secrète
Porte le renouveau de ce premier transport !

CONSENTEMENT

Tu te tais... ton silence est un consentement ;.....
Pour te garder de moi ton geste est moins farouche ;.....
Te voulant chaste encor aux bras de ton amant,
Vois, la Nuit a jeté sa mante sur la couche.

Donne ton cou divin, donne ton sein charmant ;
Que ma lèvre le baise et que ma main le touche,
Et puis donne tes yeux, et donne aussi ta bouche.....
...Et qu'à mon corps ton corps s'enlace étroitement.
....

L'Autel est investi... tout le temple s'enflamme !
... Ah ! ta grâce qui cède et ta beauté qui pâme
Sous l'assaut du vainqueur capturé dans ta chair !

Sens-tu battre mon cœur sur ton cœur qui soupire ?
La Volupté nous a foudroyés d'un éclair.....
.....Et pour créer la Joie un éclair peut suffire.

TENDRE ÉNIGME

« L'enfant y boit la vie et l'homme
y meurt d'amour. »
J.-L. Teste

La candeur le revêt, la pourpre le couronne ;
Du fier désir, archer magnifique et sacré,
Il n'est contre ses traits de cœur si bien paré,
Et quand, plus glorieux qu'une aube qui rayonne,

Embaumé de ses lys, de roses décoré,
Du voile où strictement sa grâce s'emprisonne,
Pour nous mieux asservir il surgit, délivré,
L'élan de nos ferveurs l'assiège et l'environne !

Et chacun s'émerveille à voir un tel vainqueur
D'un adorable orgueil fleuronner sa douceur,
... Et, dans l'azur, le front des séraphins se penche

Sitôt que, pour calmer d'innocents appétits
Et transformer en joie une soif qu'il étanche,
Ce tendre orgueil s'incline aux lèvres des petits.

LE GESTE

Les roses de ton sein qu'enfle la volupté
Frissonnent d'accueillir ma lèvre qui les fête,
Et dans l'orgueil accru de ma virilité
Frémissante et captive au cœur de sa conquête,

Voici que mon désir, consommant ta défaite,
S'est fait l'animateur d'une intime beauté,
Et qu'en l'émoi commun dont notre extase est faite
L'Irréel a pris corps en ta Réalité !

Ainsi nous la vivons la minute divine !
Une aube a rayonné... ta chair s'en illumine,...
L'Infini n'est plus rien auprès d'un tel accord,

Et l'ardente clameur en dénonçant l'ivresse
Est le magnificat de l'humaine allégresse
Et le défi jeté par l'Amour à la Mort !

Sur un groupe du statuaire SALADIN

« NYMPHE ET SATYRE »

Quel robuste appétit l'acoquine au sein nu !
La fougue d'un amant en userait tout comme,
Ce faune de six ans est à tout prendre, un homme,
Et son friand baiser n'est rien moins qu'ingénu.

C'est une œuvre de chair, croyez-le, qu'il consomme,
Considérez d'ailleurs qu'il est le bienvenu :
Précoce Adam croquant à belles dents la pomme,
En la nymphe il suscite un transport inconnu,

Il souffle sur le feu dont il était l'étoupe !...
... C'est pourquoi, complaisante, elle appuie à la Coupe
La tête du gaillard affairée au régal ;

L'alerte empressement d'une lèvre douillette
A pour troubler la belle un pouvoir sans égal...
... Et l'un par l'autre ainsi leur plaisir se complète.

ALMA MATER

A Madame X.

D'être informé qu'il fut ton sein fier et charmant,
La Coupe maternelle, attentive et divine
Qu'épuisait la ferveur d'une bouche enfantine,
Le rend plus précieux à ma lèvre d'amant.

Refais pour ton ami ce geste de maman,
Tel à mes yeux ravis que mon cœur l'imagine,
Et que je m'émerveille au clair enchantement
De tes deux blanches mains dévoilant ta poitrine.

Ainsi qu'il s'empressait au contact puéril,
Offre-le, ce doux sein, au baiser plus viril
Dont l'enveloppera l'ardeur de ma tendresse !

Et qu'à l'émoi commun de ce premier accord
L'aube se lève en nous d'une éclatante ivresse
Qui nous jette, éperdus, au suprême transport !...

RITE

Comme un parfum ajoute aux grâces d'une rose,
Ainsi d'un tendre émoi ton charme décoré ;.....
Tu peux paraître, Amour, seigneur de toute chose,
Le feu brille à l'autel et ton temple est paré !

Pour que la Joie éclate en son parvis sacré,
Un rite assujettit nos ferveurs et les dose :
Ainsi notre Désir à son apothéose
Chemine lentement et degré par degré...

... Mais vienne alors l'instant des suprêmes tendresses,
Et c'est l'élan fougueux, promoteur d'allégresses,
Le tumulte éperdu de nos corps glorieux,

Ton étreinte emportée au point d'être farouche,
Et le cri frénétique, ardent et merveilleux
Que la fureur d'aimer arrache à notre bouche.

DÉVOTION

Que ma bouche empressée aux fleurs de tes deux seins,
Frais joyaux qu'ont ouvrés, artisans de nos fièvres,
Les doigts ingénieux des célestes orfèvres,
Prélude de la sorte aux plus hardis desseins !

Car, ainsi qu'un dévot, sa ferveur à ses saints,
— O morne pénitent s'il faut que tu m'en sèvres, —
Coupes d'argile pure aux glorieux dessins,
Je vous ai consacré la ferveur de mes lèvres.

Sous mes virils baisers, ces trésors éperdus,
Ce sont déjà nos corps mêlés et confondus ;
C'est, soumise à son rit, notre messe amoureuse ;

Ce sont tes yeux divins, chavirés de langueur,
Et, dans des mots confus, ta Beauté désireuse
D'épuiser ardemment la Coupe du Bonheur.

ORGUEIL

O seins harmonieux fleurant les voluptés,
Que gonfle le frisson des récentes tendresses,
Ce ne sont certes pas des élans limités
Ni d'un timide amour les tièdes allégresses

Qui, d'une pourpre vive affirmant les rudesses,
Vous ont royalement fleuri de ces fiertés !
Pareil orgueil naquit de tenaces caresses,
Subtils incitateurs de nos virilités,

Dont l'éclat s'agrémente à cette heure et s'explique
Des triomphants assauts d'un désir tyrannique
Dans tout l'emportement de sa témérité...

Vous clamez le vainqueur dont vous fûtes la proie,
Beaux seins encor vibrants du cri d'éternité
Que cet aigle de flamme a jeté dans sa joie !

ENLÈVEMENT DE DÉJANIRE

Tableau de Lematte, Musée National de Nice

Femme, proie affolée, implore et défends-toi,
Tes efforts seront vains et ta plainte inutile ;
Le monstre qui t'emporte et rit de ton émoi
Joint au rut bestial la passion virile.

Ses deux bras t'étreignant malgré toi, contre soi,
Sous son pesant galop meurt ton appel stérile,
Et son Désir exulte aux clameurs d'un effroi
Qui tord sur son poitrail ta chair nue et débile...

....
... Mais là-bas, le Héros, l'invincible lutteur,
Fils de la douce Alcmène et de Zeus séducteur,
L'Homme qui, suspendant sa marche triomphale,

Vint incliner la Force aux pieds charmants d'Omphale,
Frissonne de l'horreur d'un tel accouplement,
Bande son arc fidèle,... et vise, éperdûment !

RIGUEURS ET RANCŒURS

PROVIDENCE ! ?

A la mémoire douloureuse
de Jane Caro.

Ce sont là de tes coups, à toi, la Providence !
A toi, l'œil du Bon Dieu, qui prétends y voir clair :
Torturer dans son cœur, dévaster dans sa chair,
Ainsi qu'on exécute une horrible sentence,

Un être où Dieu brillait clair comme l'évidence,
Un doux être charmant, entre les êtres cher,
Accumuler sur lui les tourments de l'Enfer,
Puis l'emporter soudain à travers sa souffrance,

— Trait suprême et sans nom de ta rare équité, —
Comme un oiseau sans souffle au gouffre noir jeté,
Voilà !... Qu'à tes méfaits se joigne encor ce crime.

Soit ! Du moins tu sauras que ma peine à genoux
Crache au front du Bourreau qui fit cette victime,
Où s'affirme ta haine aux plus purs d'entre nous !

POURQUOI ?

A la même.

L'enfantin réconfort de leurs phrases banales :
« La vie est un combat... elle ne souffre plus...
« Elle est heureuse, elle est au séjour des Élus !... »
Je sais qu'elle a souffert des douleurs sans rivales,

Et songe, détourné des propos superflus,
Secoué du frisson de ces heures fatales,
Aux bonheurs mérités et qu'elle n'a pas eus,
Tendre oiseau de mon cœur, battu par les rafales !

Que d'autres aient subi l'atroce châtiment,
Mais Elle, Juste Dieu qui vous dîtes clément,
Au lieu de votre amour, pourquoi cette colère ?

Pourquoi briser ce cœur, et, fermant ces doux yeux,
Éteindre brusquement au fond du noir mystère
Cette clarté divine et ce rayon des cieux ?

SURSAUT

Un geste net et prompt... j'abrège ma détresse...
Un geste... et pour jamais, ma misère prend fin...
Mais non, comme un amant sa fâcheuse maîtresse
J'aime la Vie encor, n'en attendant plus rien.

Pareil au soupirant rebuté qui s'empresse
Sans l'espoir pour excuse et pour dernier soutien,
Je vais, les yeux soumis, courbé, pareil au chien
Dont un brutal mépris accueille la caresse.....

.....Soupirant pitoyable, allons, redresse-toi,
Frappe enfin le tyran qui t'impose sa loi !...
.....Ou bien sans plus gémir, subis alors ta peine,

Car la Vie est un mal que tu dois endurer,
Si, captif avouant la honte de ta chaîne,
Tu redoutes le coup qui t'en peut libérer !

RÉSURRECTION

« Que de gens que le chagrin a tués, à qui il n'a manqué pour guérir que la faculté d'écrire un roman ou une comédie : qui se répand se calme. »
(A Dumas fils.)

L'homme, au cœur dévasté, heurtant du front la pierre,
Tend les bras vers la Mort, l'ange libérateur ;
L'amertume à longs flots coule de sa paupière...
... Mais une aube se lève en la nuit de son cœur.

Car les Dieux l'ont marqué, — salutaire faveur, —
Pour être un Créateur après eux sur la Terre ;
Il tressaille, repris à l'austère ferveur
De souffler son esprit en l'inerte matière.

Artisan résolu qu'arme son Idéal,
Voici qu'il se redresse au plus noir de son mal,
Voici que la Douleur, — dont il était la proie, —

Soumise à son génie en active l'effort,
Et qu'en son cœur plus fier, détourné de la Mort,
La rude Inspiratrice a fait germer la Joie !

COURTISANERIE

Aux rigueurs de la route, aux rancœurs de la lutte,
Le cœur défaille un jour, c'en est fait de l'Espoir
Et des chansons d'Avril du Passant qui débute...
.....Pèlerin fatigué qu'attriste encor le Soir,

Voici que notre pied aux pierres heurte et bute,
Et que nos yeux ternis se sont faits le miroir
Du plus âpre sentier sous un ciel toujours noir...
... Ah ! du haut d'un talus la suprême culbute ! ...

Dernier vœu, qu'on n'a pas la vertu d'accomplir,
Maudissant la Fortune, on compte l'amollir,
On se couche, on attend,... sourdement on espère...

On sait que son Caprice aime à tendre la main
Aux dormeurs sans souci vautrés sur le chemin...
... Et ce louche mépris recèle.... une prière !

DÉSENCHANTEMENT

La joie aux yeux, le rire aux dents, les bras ouverts,
C'est ainsi qu'autrefois, vous veniez, mes années.....
.....Vos charmes, prometteurs de fleurs jamais fanées,
De cieux toujours vermeils, de lauriers toujours verts,

Me berçaient d'un sommeil peuplé de rêves clairs,...
C'est un morne réveil qu'apportent vos aînées !
Aubes qui ne sont plus, tendresses surannées !
Vos baisers qui mentaient, malgré tout, me sont chers ;

J'en goûtais les douceurs sur vos lèvres de rose...
...Vos sœurs ont le front triste et le regard morose ;
Mains vides, elles sont, de plus, sans charité,

Car, meurtrissant mon cœur, touchant ses cicatrices,
Elles mettent à nu, froidement délatrices,
Un néant que du moins masquait votre beauté !

POLLICE REVERSO

Sur les gradins penché, tout un peuple en démence,
Meute aux pires instincts qui s'acharne et qui mord,
A l'athlète tombé refusant sa clémence,
Baisse le doigt fatal qui commande la mort.

Ainsi toujours la foule, aveugle en sa sentence,
Avec l'obscur Destin affirma son accord ;
Son affreux « Vœ Victis » en consacre l'offense,
Et sa rigueur ajoute à la rigueur du Sort.

Mais ici, son verdict n'est qu'un juste anathème :
Des raisons de l'effort, non de l'effort lui-même,
Naît la grandeur de l'acte ou son indignité... !

... Et la Mort imposée est légitime en somme
Alors qu'elle n'éteint au cœur trouble de l'homme
Qu'un honteux appétit de Popularité !

ECCE HOMO

« Liberté, égalité, fraternité. »

Monuments de la Foi, splendeur des cathédrales,
Où s'empressaient jadis les peuples prosternés,
L'ère n'est plus pour vous de ces fronts inclinés
Au souffle grossissant des orgues triomphales.

Eteintes les ferveurs dont frissonnaient vos dalles !
Vous n'avez pour hanter vos parvis étonnés,
Dans le marmottement des oraisons banales,
Que foules sans croyance et prêtres consternés.

Toute église est la Crypte où des chants funéraires
Devraient dorénavant remplacer les prières
Qui montent vers ce Christ auquel nul ne croit plus,

Fils de Dieu moins encor qu'enfant de la Madone...
... Mais au front saint duquel refont une couronne
Trois mots d'un dogme pur que Rome a méconnus.

LE PIÈGE

Malheur au nautonnier qu'une apparence guide !
... Son oreille attentive et son regard charmé
Ont suivi la Sirène... et sur la plaine humide
L'esquif, au gré des flots, vogue alors, désarmé.

Son bras est vigoureux, son cœur est alarmé,
Mais un Charme engourdit sa volonté timide ;
La barque s'engloutit... et le fantôme aimé
Dans un accent suprême échappe à son poing vide !

Toi, que le Sort expose au mirage pervers,
Fuis donc, efforce-toi loin des gouffres ouverts
Où t'entraîne, éperdu, la redoutable fée ;

Sois sourd, nautonnier, et détourne les yeux ;
Avise, — comme Ulysse, — ou chante, — comme Orphée, —
Aède triomphant qui regardait les cieux !

LA PIRE AVENTURE

Mégère aux yeux mauvais, Misère aux seins flétris,
Laideur de l'existence et souillure du monde,
Quel cuistre a prétendu, funeste en sa faconde,
Ta rigueur nécessaire aux cœurs mal aguerris?

Ces élans généreux dont la Jeunesse abonde,
Cet orgueil créateur des amants que tu pris,
Qu'en as-tu fait, Maîtresse à jamais inféconde?
En se fermant sur eux tes bras les ont meurtris !

Non, tu n'es pas l'amie à l'austère tendresse
Dont le geste peut bien rudoyer, s'il redresse,
Mais une âpre sorcière au désir tourmenteur,

Ton étreinte aveulit, et ta rigueur torture....
Malheur à qui vécut la sinistre aventure,
Et dont l'esprit captif hante un corps sans verdeur !

ASCENSION

Le soleil est brûlant et la route âpre et rude......
.....La montagne, là-haut, érige un front altier.....
...Il n'importe, partons... gravissons le sentier :
Le prix de notre effort sera la Solitude.

Oh ! vers les frais parfums d'une haute altitude
Fuir la Cité sans air, la plaine et son bourbier !
Échapper à la Foule, être le prisonnier
Soustrait à ta rumeur pesante, Multitude !

Hors des chemins où va la morne humanité,
Bondir allègrement, s'ébattre en liberté !...
Et, fier amant qu'enivre une haleine chérie,

Le cœur rasséréné d'espace et de rayons,
Dans l'émerveillement de la douce Féerie,
A l'air pur du Bon Dieu dilater ses poumons !

LE DUPEUR

La nuit qui tombe est l'Aube où s'éveille l'Amour ;
Il accourt sur ses pas ; l'heure crépusculaire
Est faite pour tenter le Dupeur et lui plaire :
Son regard soutient mal l'éclat trop franc du jour.

Le soleil disparu, la Terre est son séjour ;
C'est lui, l'Esprit malin qui fait aux cœurs la guerre,
Et vers lequel s'en vont, par un pire détour,
Le Credo le plus pur et l'ardente prière !

Obstiné tentateur de l'immortel Péché,
Vers l'Arbre du Malheur, — et qui n'a pas séché
Dans cet Eden ravi qu'il offre de nous rendre, —

Il s'entend à guider les plus chastes ferveurs...
Sa gloire est d'abuser, instruit de leurs saveurs
La pauvre soif humaine aux mornes fruits de cendre.

IDÉAL

Elle a l'œil insolent des filles parvenues ;
Mais un minable atour présage le régal
De secrètes beautés, malgré tout ingénues,
Et la saveur d'un fruit dénommé capital !

La libre Danaé vague ainsi par les rues,
Quêtant le Jupiter paillard et libéral
Qui, braise et feu, viendrait à lui tomber des nues
Et contenter enfin, ce rêve d'Idéal !

Autour d'elle pourtant, Mai s'épanche et rayonne,
Les cœurs flambent d'amour sous la chair qui frissonne ;
Mais ses deux grands yeux noirs au métallique éclat,

De ses désirs de lucre affirmant l'énergie,
Disent ses sens fermés à ce naïf appât...
...Et que les louis d'or sont sa seule Élégie.

LE CALVAIRE

Ne pénètre jamais, insiste moins encor
Demeure à la surface, accepte l'Apparence ;
Nul savoir ne vaudrait ta paisible ignorance,
La Science est d'argent mais l'Ignorance est d'or.

C'est pour avoir bravé la céleste défense
Que l'Homme a vu crouler l'Eden et son décor,
Sa croix fut taillée à « l'Arbre de la Science » ;
Des rameaux desséchés ses maux ont pris l'essor.

C'est pour avoir ravi la Flamme éducatrice
Qu'au ciel jaloux, livrant sa chair expiatrice
Le Titan sur le roc endurait son tourment ;.....

Or les Dieux, n'ayant pas désarmé leur colère,
Ont du sanglant rocher fait l'éternel Calvaire
Où les fils du héros montent, — aveuglément ! —

L'INUTILE RÉVOLTE

« Chaque âge a ses humeurs, son
goust et ses plaisirs. »
(M. Regnier.)

Soumis à son destin, heureux qui cède à l'âge
Qui subit sans effort l'inéluctable loi,
Et qui, sans vains regrets, sans inutile émoi,
Reçoit des mains du Temps son nouvel héritage.

Mais celui qui s'insurge et qui parle d'outrage,
Qui suit, les yeux rougis et l'âme en désarroi,
Comme un bien dérobé, la fuite de son Moi,
Réfractaire éternel d'un éternel partage,

Celui-là, plaignons-le ! Plaignons ce révolté,
A qui plus que ses jours, le Bonheur fut compté
Et dont le cœur, séché par de hâtifs automnes,

Est le morne désert, l'aride et froid séjour,
L'Église sans autel, où tintent, monotones,
Le glas de l'Espérance et le glas de l'Amour.

DÉCHÉANCE

C'est ta croyance, Hamlet, c'est l'effroi du mystère,
Qui te faisait, forçant ton poignard au fourreau,
En crainte de ton Juge, accepter le Bourreau,
Et, malgré tes rancœurs, te rivait à la Terre.

Mais nous, quand, noir vautour, la Douleur nous lacère,
S'il gronde dans nos cœurs l'appétit du tombeau,
Pourquoi, tremblants devant le geste qui libère,
Rester, chair pantelante, aux griffes de l'oiseau ?

Qu'espérons-nous de mieux ? Que craignons-nous de pire ?
Notre ferveur d'enfant, nous ne faisons qu'en rire :
Ton Doute même, Hamlet, confond notre Raison.

Mais le Moi, résidu de notre âme asservie,
Chérit, patient vil, sa gêne et sa prison :
C'est la peur du Néant qui nous garde à la Vie !

LE MASQUE

Leur valeur se jugeait, leurs désirs se toisaient :
Il est de ces défis que le soleil provoque,
Et, précisant le sens de ce muet colloque,
De la nuque aux talons, leurs yeux s'arquebusaient.

En la route contraire où tous deux se croisaient,
— Comme étrangers d'ailleurs au tableau qui s'évoque, —
Ce fut, au double éclair d'un regard équivoque,
L'unique et prompt aveu que leurs corps s'épousaient.

Ainsi chacun souvent marche en son imposture ;
Mais sous le masque étroit, ricane la figure ;
L'eau trouble du cœur monte à la candeur du front,

Où, pour bien démentir un calme manifeste,
Fermente le vouloir et s'ébauche le geste
D'une étreinte farouche où les os craqueront.

RIMES DIVERSES

A l'occasion de sa fête :

HUMBLE ET FERVENT HOMMAGE
A SA MAJESTÉ ALBERT Ier
ROI DE BELGIQUE

Grande Guerre (Septembre 1914).

L'Univers s'extasie à ta grâce héroïque,
Majesté dont l'éclat de ton exil s'accroît,
Et les peuples ont fait de ta fière réplique
L'exemple de l'Honneur, tel qu'un Roi le conçoit.

Menace de la Force et riposte du Droit !
Foudroyant d'un éclair l'offre louche et cynique,
Tu lèves ton épée !... et ce premier exploit
Ajoute à ta couronne un fleuron magnifique !

Aussi, comme Bayard, jadis François Premier,
Laisse un peuple fervent t'armer son Chevalier,
Roi de Belgique, Albert, soldat dont la vaillance

Nous valut de rester « Sans reproche et sans Peur ! ».....
.....Et qu'à son champion, cette dame, la France,
Ait l'orgueil de donner le baiser de son cœur !

A MOLIÈRE
LE SALUT DES COMÉDIENS

(Sonnet dit par l'auteur à l'occasion des fêtes du tricentenaire de la naissance du poète.)

C'est en vain que la Mort a fermé ta paupière,
Les siècles ont passé mais ne t'ont pas atteint,
Créateur après Dieu, ressuscite, Molière ;
L'Homme de tous les temps, ton cerveau le contint.

Qu'une étincelle encor anime ta poussière,
Tu le retrouveras tel que tu l'as dépeint !
Et c'est pourquoi la Gloire, active et familière
De lauriers toujours neufs t'apporte le butin.

O Maître vénéré, — qui jadis fus des nôtres (1), —
Dont la mémoire en nous, chère plus qu'à tous autres,
Demeure et veille ainsi qu'une flamme à l'autel,

Notre orgueil, à cette heure où ta verve rayonne,
Où ton bon sens éclate en un vers qui résonne,
T'adresse cet hommage, humblement fraternel.

(1) L'auteur étant lui-même comédien.

A ARMAND SILVESTRE

Hommage

Ta Muse a les appas de la Vénus antique :
Son flanc, sans s'altérer, frissonne incessamment
Sous les baisers féconds de l'étreinte magique
Qui, chaque jour, la jette aux bras de son amant.

Et Dieu sait si les fruits d'un tel accouplement,
Sont beaux, sains et joyeux et d'aspect mirifique !.....
.....Parfois s'émeut le Rire en votre embrassement,
Une larme en jaillit, perle mélancolique,

Plainte sans amertume et sans aigres saveurs,
Pleur discret, doux aveu d'éphémères ferveurs,
Printemps fanés et fleurs défuntes — heure brève,

Où ta gaîté si franche, ô poète gaulois,
Chantre de l'amour vrai, Silvestre, amant des bois,
Se fond exquisement en Sourire de Rêve !

PIEUX HOMMAGE A JEANNE D'ARC

Symbole en qui s'incarne une France immortelle,
Ame ardente et cœur simple, et qui gardait en soi
La croyance à son Dieu et l'Amour de son Roy :
Telle fut Jeanne d'Arc, guerrière et pastourelle !

Son génie est l'éclair jaillissant de sa Foi :
Le Seigneur a choisi sa servante et l'appelle,
Et sur l'heure, haussée à son œuvre nouvelle,
La voici qui se lève et marche sous sa loi !

Elle marche aux combats... elle entraîne et maîtrise,.....
.....Et c'est la France alors sur l'Anglais reconquise,
C'est le vainqueur d'hier sevré de son butin,.....

.....Puis dans ce cri « Jésus ! » où son âme s'envole,
Le bûcher couronnant son glorieux Destin,
Et du martyre au front lui mettant l'auréole !

VISION

Un sentier sous le bois mène au manoir gothique,
A droite, la forêt où frissonnent les pins,
A gauche, et se creusant aux pierres des ravins,
Le miroir d'un étang met sa clarté mystique.

Derrière quatre bancs d'une époque authentique
Où jadis prenaient place, en leurs vertugadins,
Des dames qu'enchantait l'amour des paladins,
Quatre chênes géants s'érigent en portique.

Puis le sentier bifurque, on quitte la forêt,
Et, dominant un val, la Ruine apparaît...
Alors, soudain dressé, le passé mort s'éveille,

Des heurts, des pas, des chants, résonnent au donjon,
Et dans l'eau des fossés où refleurit l'ajonc,
Un serf, passeur craintif, écoute et s'émerveille.

LA RUINE

« Là, le bruit de l'orgie ; ici, le bruit des fers. »

(V. Hugo.)

Là-haut, les pieds au roc et le front dans la nue,
En un mystérieux et farouche décor,
Éventré, mais debout et formidable encor,
Le Manoir sur le Ciel dresse sa tour chenue,

Les siècles ont passé, le défi continue,
Le site et le Castel ont gardé leur accord ;
Ces rumeurs au bois sombre, est-ce l'écho du cor
Dont le Maître jadis signalait sa venue?

Rempart du « Bon Plaisir » et terreur des Cités,
Qu'ils narguent à plaisir nos plaisirs écourtés,
Ces murs béants, jadis l'abri d'énormes joies,

Alors qu'en des clameurs dont tremblaient leurs barreaux,
Libres dans leur besogne, acharnés à leurs proies,
L'Amour armait ses traits, et la Mort ses bourreaux !

AMOUR ET DÉVOTION

Avec son amoureux elle en voyait de grises,
Quand il l'entreprenait à l'heure du déduit,
Mais sa docilité, quoi qu'il fit, quoi qu'il dit,
Favorisait l'essor de toutes entreprises.

Elle faisait l'amour comme on prie aux églises,
Avec un air confit, un petit air contrit,
Par là se perpétraient les pires gaillardises...
.....Elle soufflait le feu sans qu'elle le comprît.

Qu'un geste convainquant soulignât des paroles,
Son trouble s'avouait d'un seul mot : « Tu m'affoles !... »
... Puis se laissant aller aux bras du ferme amant,

— Eve que son salut malgré tout intéresse, —
Elle disait, les yeux noyés de firmament :
« J'irai de tout ceci m'accuser à confesse. »

LES PETITES MAMANS

...Les petites mamans, près de leurs voiturettes,
De leurs gentils marmots guidant les pas tremblants.....
.....Les petites mamans qui taillent des bavettes
Dans les jardins publics, assises sur des bancs,.....

...Les petites mamans, les bras chargés d'emplettes,
Qu'emboîtent d'un pas vif messieurs les verts galants,.....
...Les petites mamans sur des bouches douillettes
Pour les désaltérer, penchant leurs nénés blancs,.....

.....Les petites mamans aux mines éveillées,
Qui le soir, au dodo, sitôt déshabillées,
Près du baby qui dort feuillètent des romans,

Tandis qu'ayant pris feu sur une peccadille,
— Plaignez le triste sort des petites mamans ! —
Entre copains, Monsieur va faire « la manille »...

IMPERTINENCE

L'attente est en amour le ragoût du plaisir,
Tendre aux lèvres le fruit et défendre qu'on touche,
C'est du chrétien galant au musulman farouche,
Le tison le plus vif jeté sur le Désir.

Doncque, « Belle Philis », revivez à loisir
L'époque où florissaient le panier et la mouche ;
Qu'on baise votre main mais refusez la bouche ;
Le mode est sans égal et doit vous réussir !.....

Considérez pourtant, reine des inhumaines,
Qu'un amant rebuté se lasse de ses chaînes,
Et que tant de rigueur le peut mettre en défaut,

Le dépit naît parfois d' « une attente éternelle »,.....
.....Et si j'allais un jour, renonçant à l'assaut,
Déclarer que le Jeu... n'en vaut pas la chandelle?

MIROIRS

« Un piège d'alouette, ou bien de jeune fille. »
V. Hugo *(Ruy-Blas)*.

A quoi rêve la jeune fille?
Ses doigts sont joints, ses cils baissés...
...Dans un poudroiement qui scintille,
Hier, deux cavaliers sont passés.

Ors et rubans, dentelle et plume,
Rehaussaient leur air triomphant,
Sur leurs noirs chevaux, blancs d'écume,
La flamme aux yeux, la dague au flanc,

Ils sont passés, éclair de fête,
En son monotone horizon...
L'enfant songe, courbant la tête ;
Sur sa lèvre meurt sa chanson ;

A son front monte et s'évapore,
— Est-ce désir, est-ce pudeur —
Dans la rougeur qui le décore
L'initial frisson du cœur.

Et de l'incertain de son rêve,
Surgissent, déjà persistants,
Des aveux d'étreintes sans trêve
Aux bras des joyeux inconstants...

. . . .

Quoi, ce charme fragile et rare,
— Ton corps pur, ton cœur confiant, —
Tu le vouerais — or, qui s'égare, —
A leur baiser insouciant !

L'attrait sans nom, c'est leur folie !
Leurs yeux trop noirs, le cher secret
Où, baigné de mélancolie,
Ton cœur amoureux se complait !

Quoi, ta ferveur à ces frivoles !
Ta candeur sainte à ces blasés !
Cruel Amour... tristes idoles !
Que de pleurs noieront tes baisers !

. . . .

Mais, hélas ! toujours et sans trêve
Vers vous, ô funestes don Juans,
Vers vous se consume et s'élève
L'encens de ces cœurs de seize ans ;

Sans trêve Elvire et Marguerite,
Prises sous les porches sacrés
Aux mensonges d'une eau bénite,
Magnifieront ces préférés ;

Et la Chimère qui les hante,
Ainsi que l'alouette au jour,
Toujours ira, proie innocente,
Se prendre à ces « miroirs d'amour ! »

QUATRAIN

Ne te livre jamais, même à ton plus intime,
Enferme ta Croyance et masque ton Erreur,
Le monde est le serpent, le Mystère est la Lime,
Ses dents s'useront vite aux verrous de ton cœur.

« Ici-bas les lèvres effleurent
Sans rien laisser de leur velours. »
SULLY-PRUDHOMME.

A J. C.

De se savoir fragile et de se voir durable,
D'être cet éphémère où s'émousse le Temps,
Et tournant bel et bien à l'éternel Printemps,
De rester jeune et fort, bien qu'étant vénérable,

L'Amour en nous s'exalte et sa fierté grandit.
Oublieux de ses traits, oublieux de ses ailes,
Cet inconstant cruel qui constamment nous rit,
Sent croître en lui l'orgueil des chaînes éternelles !...

...Croître aussi sa pitié pour ces baisers si courts,
Dont au souffle de Mai les amoureux s'effleurent,
Ensorcelants baisers qui pourtant ne demeurent,
Et s'envolent « *sans rien laisser de leur velours !* »

PLAISIRS D'AMOUR.....

Tissu léger, lin transparent :
Le regard de l'Amour s'y pose,...
..:Sommets de lis, boutons de rose :
L'Amour prend un air conquérant !

Elle dit « Non », se sachant belle...
Refus coquet, aveu charmant...
Il rit, connaissant l'argument
Qui convaincra cette rebelle.
....

Une défaite !... Un doux vainqueur...
Chantons « Hymen ! » baissons les voiles !
Dans une ombre pleine d'étoiles
La flèche a frappé droit au cœur !
....

L'Amour veut fuir, son feu trépasse,
L'Amour veut fuir, cruel Destin !
Elle a pris l'air le plus mutin,
Ses bras l'étreignent, mais tout lasse !

Tout lasse un vainqueur inconstant
L'ardeur qu'il donne éteint la sienne,....
:... « Plaisirs d'amour », — qu'il vous souvienne,
Belles, — « ne durent qu'un instant. »

TABLE

TENDRESSES

CARESSES

RIGUEURS ET RANCŒURS

RIMES DIVERSES

Imp. Caillaux, Onillon & Cie, boulev. Gaston-Dumesnil, 21, Angers

ANDRÉ DELPEUCH

LIBRAIRE-ÉDITEUR

51, Rue de Babylone — PARIS (VIIe)

Extrait du Catalogue Poétique

HÉLÈNE PICARD. **Pour un Mauvais Garçon** .... **12 fr.**

Édition originale avec un portrait de l'auteur, tirage limité et numéroté .... **24 fr.**

JULES LÉVY. **Les Hydropathes** .... **15 fr.**

CLAUDE DERVENN. **L'Horizon,** prix Sully Prudhomme 1928, tirage limité, dessins de l'auteur .... **25 fr.**

Collection Le Zodiaque

Chaque volume tiré à 500 exemplaires numérotés : **20 fr.**

R. DE MARATPAY. **Poèmes à une seule femme.**

PHILEAS LEBESQUE. **Présages.**

MARCEL MILLET. **Côté Cœur** (prix des Poètes 1929).

www.ingramcontent.com/pod-product-compliance
Ingram Content Group UK Ltd.
Pitfield, Milton Keynes, MK11 3LW, UK
UKHW021558260726
13993UKWH00002B/919